Bibliografische Information:
Die Deutsche Bibliothek verzeichnet diese Publikation in der
Deutschen Nationalbiografie; detaillierte bibliografische Daten
sind im Internet unter http://dnb.ddb.de abrufbar.

AF189211

Januar 2018
© 2018 Rüdiger Fröhlich/Daniel Skroch
Herstellung und Verlag: BoD – Books on Demand, Norderstedt
Umschlaggestaltung und Illustration: Rüdiger Fröhlich/Annie
Kniepert, Jost Design
Printed in Germany   ISBN 9 783746 049908
www.wir-lieben-es-lustig.de

MIX
Papier aus verantwortungsvollen Quellen
Paper from responsible sources
FSC® C105338

Zu diesem Buch

Witze gibt es wie Sand am Meer, aber gute Witze zu (er)finden ist extrem schwer, sie sind Gold wert. Daniel Skroch und Rüdiger Fröhlich von Früherwisser Media sind deswegen seit Jahren auf der Suche nach den besten, neuen Witzen, Pointen und saulustigen Klassikern. Sie gründeten die Internet-Seite **wir-lieben-es-lustig.de** und konzentrierten sich dabei zunächst auf die 10 besten Witze aus verschiedenen Kategorien. Dabei verzichteten sie bewusst auf Masse und uralte Blondinenwitze, Fritzchen-, Mantawitze und andere abgedroschene Kalauer. Motto: nur die besten Witze! Klasse statt Masse! Neu, modern und frisch statt Klamottenkiste! Die hier vorliegende Witze-Sammlung ist nun das Buch zur neuen Seite **wir-lieben-es-lustig.de**.

Viel Spaß beim Lesen und Lachen!

Ich spreche schon seit drei Tagen nicht mehr mit meiner Frau. Ich will sie nicht unterbrechen.

Zu den Autoren

Rüdiger Fröhlich wurde 1968 in Hamburg geboren. Er studierte in Kiel Sportwissenschaften, Pädagogik und Psychologie und arbeitet heute als Journalist. »wir-lieben-es-lustig« ist sein siebtes Buch. Fröhlich hat fünf Kriminalromane um Kommissarin Kathrin van Busche veröffentlicht, zuletzt „Gib Gas!" im Vitolibro-Verlag. Zudem schrieb er mit beim Buch „Elf unfassbare Fußball-Geschichten".

Daniel Skroch, geboren 1970, ist in einem Dorf in der Nähe von Augsburg aufgewachsen. Er lebt und arbeitet seit vielen Jahren in Darmstadt. Dort wirkt der Fachmann für Gesundheits- und Krankenpflege und Krankenhausbetriebswirtschaft in der Verwaltung eines Hospitals. Gemeinsam mit Rüdiger Fröhlich hat Skroch unter dem Titel »Die besten Witze des Jahres **wir-lieben-es-lustig.de**« erstmals eine Veröffentlichung gewagt, in der Gesundheit auf alternativen Wegen befördert wird.

Die besten Witze des Jahres

wir-lieben-es-lustig.de

WIR LIEBEN ES LUSTIG

Für Rosa und Finja

Inhalt

Die allerbesten Witze

Was ist der Unterschied zwischen Gott und einem Arzt? – Gott weiß, dass er kein Arzt ist.

Liste mit Dingen, die mit Leopardenmuster gut aussehen:
1. Leoparden
2. Das war's.

Steht auf ihrem Frauenshampoo: „Nur für brüchiges, langes, gelocktes, rotes Haar."
Steht auf seinem Männershampoo: „6 in 1: Für Haare, Körper, Auto, Abwasch, Garten und Haus."

Fragt der Arzt im Krankenhaus die Schwesternschülerin: „Haben Sie dem Patienten denn schon Blut abgenommen?" Sagt die: „Ja, aber mehr als sechs Liter habe ich nicht rausbekommen!"

"Ägyptisch oder ich schieße!" – „Was? Ich kann aber kein ägyptisch!" … „Ägyptisch jetzt!"
(Raubüberfall in Sachsen)

Der Mathe-Lehrer ist völlig verzweifelt: „Diese Klasse ist so schlecht, dass ich eigentlich 60 Prozent durchfallen lassen müsste!" Da lacht jemand aus der letzten Bank: „Haha 60 Prozent, soviel sind wir gar nicht!"

Die 5 Geheimnisse über Männer:

1. Es ist wichtig, einen Mann zu finden, der dich zum Lachen bringt.
2. Es ist wichtig, einen Mann zu finden, der gut im Bett ist.
3. Es ist wichtig, einen Mann zu finden, auf den du dich verlassen kannst.
4. Es ist wichtig, einen Mann zu finden, der kochen kann und sich um die Kinder kümmert, aufräumt und einen Job hat.
5. Es ist ganz wichtig, dass diese vier Männer sich nicht kennen.

Die Vodka-Diät: Verlieren Sie drei Tage in einer Woche!

Kommt ein Mann in einen Blumenladen: „Ich hätte gerne sechs rote Rosen." Die Verkäuferin ist entzückt und dichtet: „Schenkst du ihr Rosen, wird sie dich liebkosen. Schenkst du ihr Narzissen, wird sie dich küssen." Da überlegt der Mann lange und schaut sich nach anderen Blumen um. „Ich habe es mir anders überlegt, ich nehme doch lieber einen Strauß Wicken."

Suchschild im Supermarkt:
„Hellseher dringend gesucht! Anschrift: Sie wissen ja wo."

Männer gehen an Frauen vorbei und denken insgeheim: „Was für ein Arsch!" … Frauen tun übrigens exakt das Gleiche, nur schauen sie den Männern dabei ins Gesicht.

Die besten Männer-Witze

Liebe Frauen, wenn ein Mann sagt, er wird es reparieren, dann wird er es auch reparieren. Es gibt keinen Grund, ihn alle sechs Monate daran zu erinnern.

Carsten ist zu Besuch bei seinem Freund David und dessen Frau Anke. Während des ganzen Abendessens spricht David seine Frau nur mit „Süße", „Schnuckel", „Mäuschen", „Göttin" oder „Geliebte" an. Nach dem Mahl, als die beiden Männer mal eine kurze Zeit alleine sind, sagt Carsten zu seinem Kumpel: „Mann, das finde ich echt spitze, dass Du Deine Frau nach all den Jahren noch immer mit solchen Bezeichnungen ansprichst, wie ein jung Verliebter. "Darauf wiegt David ab und meint: „Nun, um ehrlich zu sein, es liegt tatsächlich an etwas anderem: Ich habe vor zwei Jahren ihren Namen vergessen…"

„Ihr Mann hat aber einen interessanten Akzent. Woher kommt er denn?" - „Aus der Kneipe!"

Solange das Aussterben der Dinosaurier nicht geklärt ist, darf die Männergrippe nicht verharmlost werden.

Männer verfahren sich nicht. Sie entdecken neue Gebiete.

Der Ehemann kommt vom Einkauf zurück. Im Schlepptau hat er einen Mann, der sich fluchend wehrt. „Schatz, ich habe alles bekommen. Die Sahnetorte, den Käsekuchen und den Kirschkuchen. Nur der Berliner macht enorme Schwierigkeiten."

Rosemarie kommt strahlend nach Hause, wo Ehemann Horst das Aktuelle Sportstudio glotzt. Sie trällert: „Horst, ich habe 6 Richtige im Lotto! Pack die Koffer!" Darauf er: „Sommer- oder Winterkleidung?" Sie antwortet trocken: „Ist mir doch egal, Hauptsache du bist in zehn Minuten verschwunden!"

Wo hält sich der schwule Adler am liebsten auf? In seinem Horst.

Foto: Pixabay

Meine Frau hat den geilsten Arsch aller Zeiten: Mich!

Warum hat Moses sein Volk sieben Jahre lang durch die Wüste geführt? – Weil Männer NIEMALS nach dem Weg fragen.

Je weniger Zähne ein Mann hat, desto leichter beißt er an!

Die besten Frauen-Witze

Sagt er: „Schatz, ich freue mich schon so sehr auf den Sommer!" Sagt sie: „Von mir aus kann sich der Sommer noch etwas Zeit lassen. Meine Bikini-Figur ist noch nicht ganz fertig."

An alle Frauen, die Fußballer nicht verstehen: Tor ist für uns so, als ob ein Paket von Zalando ankommt. Gegentor ist, wenn die Schuhe dann nicht passen.

Eine attraktive Frau will im Freibad vom 10-Meter-Turm springen. Da ruft der Bademeister: „Nicht springen! Ist kein Wasser drin." Sagt die Frau: „Macht nichts. Ich bin sowieso Nichtschwimmerin."

Eine Frau betritt den Fahrstuhl, in dem ein Mann steht. „Grüß Gott", sagt der Mann. Die Frau antwortet: „So weit wollte ich gar nicht hoch."

Niedergeschlagen kommt Sabrina von der Fahrprüfung. Als ihr Mann fragt, warum sie traurig ist, antwortet Sabrina: „Ich bin durchgefallen." Darauf ihr Mann: „Was hast du denn gemacht?" „Ich war in einem Kreisverkehr, da stand ein rundes Schild mit einer 30. Deswegen bin ich 30 Mal im Kreis gefahren." Ihr Mann tröstet sie: „Du hast dich bestimmt verzählt…"

Eine Frau leiht sich in der Bibliothek ein Buch aus. Nach ein paar Tagen bringt sie es wieder zurück und sagt: „Das Buch war leider sehr langweilig. Zu viele Personen und Zahlen. Ich gebe es wieder ab." Der Mann an der Theke dreht sich zu seinen Kollegen um: „Leute, unser Telefonbuch ist wieder aufgetaucht!"

Der Polizist fragt den Mann: „Warum haben Sie Ihre Kreditkarte denn nicht gemeldet, als sie Ihnen gestohlen wurde?" Der Mann antwortet: „Weil der Dieb viel weniger ausgegeben hat als meine Frau." Darauf fragt der Polizist: „Okay, aber warum melden Sie es denn jetzt?" Sagt der Mann: „Ich glaube die Frau des Diebes hat angefangen, die Karte zu benutzen!"

Die besten Kinder-Witze

Sagt die 12-jährige Laura: „Das Internet ist ausgefallen, also musste ich die Zeit mit meiner Familie verbringen. Scheinen nette Leute zu sein."

Eine ältere Nonne will über eine viel befahrene Straße gehen. Kommt ein kleiner Junge mit coolem Cappy vorbei und hilft ihr über die Straße. Sagt die Nonne: „Vielen herzlichen Dank, mein Junge!" Sagt er: „Null Problemo, Batmans Freunde sind auch meine Freunde!"

„Ihr Sohn hat mich `alte Kuh´ genannt. Was sagen sie dazu?" „Das tut mir wirklich sehr leid. Ich habe ihm doch oft genug gesagt, er soll die Leute nicht nach dem Äußeren beurteilen!"

Der 15-jährige Max fragt seinen Papa: „Was ist eigentlich ein Alkoholiker?" Vater: „Siehst Du die fünf Bäume da? Ein Alkoholiker sieht da zehn Bäume." Sohn: „Aber da stehen nur zwei!"

Geht die Mama mit ihrem Sohn in den Zoo. Sagt der Sohn: „Schau mal, der Gorilla in dem Stall sieht aber hässlich aus!" Sagt die Mutter: „Sei still, wir sind doch erst an der Kasse."

Fragt die Tochter: „Mama, wie lange bist du schon mit Papa verheiratet?" Sagt die Mutter stolz: „Ach Schatz, wir sind schon 12 Jahre verheiratet." Fragt die Tochter: „Und wie lange musst du noch?"

Foto: Pixabay

Fragt der Papa seinen 5-jährigen Sohn Malte: „Und, wie war es heute im Kindergarten?" Sagt Malte: „Echt klasse, wir haben Sprengstoff hergestellt." Papa ist begeistert: „Das ist ja klasse, ihr macht ja schon jetzt richtig spannende Sachen. Und was macht ihr morgen im Kindergarten?" Malte: „Welchem Kindergarten?"

Fragt der Vater: „Svenja, wo ist dein Zeugnis?" Svenja: „Bei meiner Freundin Roana." Fragt der Vater verwundert: „Warum?" Antwortet Svenja: „Sie wollte ihre Eltern erschrecken."

Die Erzieherin erklärt: „Das Wort ledig bedeutet, dass jemand noch nicht verheiratet ist. Was ist also dein Vater, wenn er verheiratet ist?" Lenny: „Erledigt!"

Die besten Lehrer-Witze

Die Lehrerin sagt zu Ella: „Nenne mir drei afrikanische Tiere." Ella: „Eine Giraffe und zwei Löwen."

Bernd zu seinem Sohn: „Kevin, für so ein Zeugnis sollte es Prügel geben!" Kevin: „Okay, ich weiß wo der Lehrer wohnt!"

Der kleine Felix kommt von der Schule: „Ich habe eine gute und eine schlechte Nachricht." „Erst die schlechte", antwortet die Mama. „Ich habe eine Sechs in Mathe geschrieben" „Und was ist die gute?", fragt die Mama. „Der Lehrer hat noch vier Fehler übersehen."

Im Bio-Unterricht fragt die Lehrerin: „Welcher Vogel baut kein Nest?" Meldet sich Jakob: „Der Kuckuck!" „Und warum nicht?", fragt die Lehrerin. „Weil er in der Uhr wohnt!"

Stellt die Lehrerin eine Grammatikfrage: „Ich gehe, du gehst, sie geht, wir gehen. Louisa, kannst du mir sagen, was das bedeutet?" Darauf Louisa: „Ich würde sagen: Alle sind weg!"

Karla ist krank und bekommt vom Doktor eine Medizin. Sie fragt: „Herr Doktor, hat diese Medizin auch Nebenwirkungen?" Der Arzt antwortet: „Ja, du kannst schon morgen wieder in die Schule gehen."

Foto: Pixabay

Lehrer: „Coco, was ist das für ein Schmetterling?" „Ein Zitronenfalter, Herr Lehrer!" „Aber Coco, der hier ist grün und nicht gelb!" „Vielleicht ist er noch nicht reif, Herr Lehrer!"

Eine Lehrerin erwischt Jakob beim Schlafen im Unterricht. Die Lehrerin zu Jakob: „Ich glaube, hier ist nicht der richtige Ort zum Schlafen!" Jakob: „Ach, das geht schon. Wenn Sie ein wenig leiser reden könnten…"

Die 3. Klasse wartet schon seit vier Stunden auf den ICE. Kommt eine Frau vorbei und fragt: „Warum wartet ihr so lange?" Darauf ein Schüler: „Auf den Zügen steht immer nur 1. und 2. Klasse!"

Ella besucht ihre Lehrerin im Krankenhaus. Draußen warten ihre Klassenkameraden. Sie wollen wissen, wie es der Lehrerin geht. „Es gibt keine Hoffnung mehr", sagt Ella traurig. „Morgen kommt sie wieder in die Schule."

„Papa, einer in der Schule hat gesagt ich bin schwul." Papa: „Dann hau ihm was aufs Maul." Sohn: „Der ist aber so süß."

Sagt die Lehrerin zur Klasse: „Jeder, der denkt, er sei doof, steht bitte auf!" Louis steht als Einziger auf. Lehrerin: „Louis, warum bist du aufgestanden? Denkst du, du bist blöd?" Darauf Louis: „Nein, aber ich wollte sie nicht alleine stehen lassen."

Die besten Ärzte-Witze

Der Patient fragt sehr besorgt seinen Arzt: „Ist meine Erkrankung eigentlich lebensgefährlich?" „Aber nein", erklärt der Arzt, „sonst hätten Sie doch schon längst meine Rechnung bekommen!"

Geht eine Frau zum Arzt. Der Arzt fragt die Patientin: „Was kann ich für Sie tun?" Darauf antwortet die Patientin: „Herr Doktor, ich habe vor einer Woche aus Versehen einen Zehn-Euro-Schein gegessen und wenn ich jetzt auf Toilette gehe, kommt nur Kleingeld raus!" Da antwortet der der Arzt: „Liebe Frau, das ist doch kein Wunder, Sie sind ja auch in den Wechseljahren!"

„Herr Doktor Köhler, ich komme mir so unglaublich überflüssig vor." Sagt Dr. Köhler nur: „Der Nächste bitte!"

Der Arzt sagt zum Patienten: „Trinken Sie vier Wochen kein Bier, dann sehen wir, ob sich Ihre Krankheit bessert." Da entgegnet der Patient: „Und wenn ich in der Zeit einfach mehr trinke und wir gucken, ob es schlimmer wird?"

Der Patient meint zum Arzt im OP-Saal: „Herr Doktor, ich bin so wahnsinnig aufgeregt. Das wird meine erste Operation!" Daraufhin sagt der Arzt: „Mir geht´s genauso."

Ein Arzt sitzt völlig verstört in seiner Praxis und macht sich schwere Vorwürfe, da er gerade mit einer Patientin Sex hatte. Von Schuldgefühlen geplagt taucht plötzlich ein kleines Teufelchen auf und redet ihm ins Gewissen: "Was glaubst du wie viele Ärzte schon Sex mit ihren Patienten hatten, du Depp. Da ist doch nichts dabei." Der Arzt beruhigt sich wieder und denkt sich, dass Sexualität ja was ganz Normales ist. Sex hat jeder Mensch mal. Es spricht ja auch nichts dagegen, Sex zu haben. Gerade als es dem Arzt wieder deutlich besser geht, taucht ein kleines Engelchen auf. Das Engelchen nähert sich langsam dem Ohr des Arztes und flüstert: "Bedenke aber, dass du ein Tierarzt bist!"

Meint der Hausarzt zum Patienten: „Tut mir leid, aber ich kann bei Ihnen nichts finden. Es muss am Alkohol liegen!" Dazu der Patient: „Dann komme ich wieder, wenn Sie nüchtern sind."

Foto: Pixabay

Ein Heilpraktiker ist lange Zeit über arbeitslos und beschließt deshalb, eine medizinische Praxis zu eröffnen. Er hängt ein Schild an die Tür mit folgendem Text: „Für 1.000 Euro garantiere ich Ihnen, Ihre Krankheit zu heilen. Falls es mir nicht gelingt, bekommen Sie 2.000 Euro." Ein studierter HNO-Arzt denkt sich, dass es ein Leichtes sei, hier 2.000 Euro abzusahnen und besucht deshalb die neue Praxis. Sagt der HNO-Arzt: „Ich habe meinen Geschmackssinn verloren." Der Heilpraktiker holt eine Flasche mit der Aufschrift 33 heraus und verabreicht dem Patienten zehn Tropfen davon." Arzt: „Pfui, das ist ja Benzin!" Heilpraktiker: „Herzlichen Glückwunsch! Sie haben Ihren Geschmackssinn zurück. Das macht 1.000 Euro." Der HNO-Arzt ist verärgert, bezahlt die 1.000 Euro und verlässt die Praxis. Am nächsten Tag kommt er wieder. Sagt der HNO-Arzt: „Ich habe mein Gedächtnis verloren. Ich kann mich an nichts mehr erinnern." Der Heilpraktiker holt wieder die Flasche mit der Aufschrift 33 heraus und will dem Patienten erneut zehn Tropfen verabreichen. Sagt der HNO-Arzt: „33? Das ist doch Benzin!" Heilpraktiker: „Herzlichen Glückwunsch! Sie haben Ihr Gedächtnis wiedererlangt. Das macht dann 1.000 Euro." Der HNO-Arzt bezahlt zähneknirschend und verlässt wutentbrannt die Praxis. Einige Tage später kommt er wieder, fest entschlossen sein verlorenes Geld zurückzubekommen. HNO-Arzt: „Meine Sehkraft hat stark nachgelassen. Ich erkenne nur noch Umrisse." Heilpraktiker: „Nun, dafür habe ich leider kein geeignetes Medikament. Sie bekommen deshalb 2.000 Euro." Er reicht ihm vier 10-Euro Scheine. Jetzt ist der HNO-Arzt richtig sauer: „Moment, das sind doch nur 40 Euro!" Heilpraktiker: „Herzlichen Glückwunsch! Sie haben Ihr Sehvermögen wieder. Das macht dann 1.000 Euro!"

Sagt die Krankenschwester zum Chefarzt „Herr Doktor, der Simulant auf Zimmer 218 ist gestorben." Antwortet der Chefarzt: „Also, jetzt übertreibt er wirklich."

Vier Ärzte machen einen Wettkampf: ein schlechter Orthopäde, ein guter Orthopäde, ein Radiologe und ein Chirurg. Alle vier stehen an den Eckfahnen eines Fußballplatzes und auf dem Anspielpunkt liegt ein 50-Euro-Schein. Die Aufgabe besteht darin, nach dem Startschuss so schnell wie möglich den 50-Euro-Schein zu bekommen. Wer zuerst am Anspielpunkt ist, der gewinnt den Schein! Wer bekommt die 50 Euro? - Der schlechte Orthopäde natürlich, denn ein Radiologe läuft wegen 50 Euro gar nicht erst los, der Chirurg hat die Spielregeln nicht verstanden und einen guten Orthopäden gibt es gar nicht.

Unterhalten sich drei Chirurgen auf einem Fachkongress in London. Sagt der erste: „Ich bin der beste Chirurg in Deutschland! Ein Konzertpianist der Elbphilharmonie verlor acht Finger bei einem Unfall. Ich habe sie ihm wieder angenäht und morgen gibt er ein Privatkonzert beim Bundespräsidenten." Sagt der zweite Chirurg aus China: „Das ist doch noch gar nichts! Ein junger Turner verlor bei einem Unfall beide Beine und einen Arm. Ich habe sie wieder angenäht und ein Jahr später hat er die Goldmedaille bei den Olympischen Spielen gewonnen." Sagt der dritte Chirurg aus den USA: „Ihr seid doch nur Amateure! Vor einigen Jahren ritt ein reicher Manager bekifft und besoffen frontal in einen Zug. Alles was noch übrig blieb, war der Arsch des Typs und die blonde Mähne des Pferdes. Ich habe ihn operiert und heute ist er Präsident der Vereinigten Staaten von Amerika."

Die besten Polizisten-Witze

Fragt der Polizist: „Warum sind sie ausgerechnet in ein Seifengeschäft eingebrochen?" Sagt der Einbrecher: „Mir ging es wirklich dreckig..."

Wird ein Autofahrer zu Fastnacht von der Polizei angehalten. Sagt der Polizist: „Kann ich bitte Ihren Führerschein sehen?" „Ja sicher, wenn Sie kurz mein Bier halten können." Sagt der Mann weiter: „Oh, den hab ich vergessen." Fragt der Polizist: „Zuhause?" Sagt der Mann: „Nein, vergessen zu machen."

Befragt der Polizist einen Verdächtigen: „Wo waren Sie zwischen drei und sechs?" Sagt der Verdächtige: „Im Kindergarten."

Finden zwei Polizisten eine Leiche vor einem Gymnasium. Fragt der eine den anderen: „Du, wie schreibt man denn Gymnasium?" Der andere überlegt und sagt: „Schleppen wir ihn zur Post!"
„Ihr Wagen ist völlig überladen. Ich muss Ihnen leider den Führerschein abnehmen", sagt der Polizist

streng zu einem Autofahrer. Sagt der: „Aber das bringt doch nichts. Der Führerschein wiegt doch höchstens 30 Gramm."

Foto: Pixabay

Ein Polizist betritt eine Bank. Er tritt hinter den Kunden, der gerade am EC-Automaten steht: „Entschuldigen Sie, ist es Ihr Wagen, der vor der Bank mit laufendem Motor auf dem Behindertenparkplatz steht?" Der Bankkunde kleinlaut: „Ja." Der Polizist: „Dann heben Sie mal 35 Euro mehr ab."

Eine Frau wird an der Grenze angehalten. Der Polizist fragt: „Können Sie sich identifizieren?" Die Frau kramt in ihrer Handtasche, holt ihren Schminkspiegel hervor, blickt hinein und sagt: „Ja, ich bin's!"
Kommt ein Mann im Morgengrauen nach einer durchgesoffenen Nacht nach Hause. Ihm ist so

schlecht, dass er in die Mülltonne kotzen will. Als er den Deckel öffnet, sieht er in dem Spiegel, den seine Frau am Abend zuvor in die Tonne gelegt hatte, ein Gesicht. Er erschreckt sich fast zu Tode und ruft die Polizei: „Kommen Sie bitte schnell, in meiner Mülltonne sitzt ein furchtbarer Typ." Mit quietschenden Reifen kommt die Polizei. Der eine Polizist nimmt seinen ganzen Mut zusammen, öffnet die Tonne, blickt hinein und ruft entsetzt seinem Kollegen zu: „Schnell, Max, ruf den Kommissar, das ist einer von uns!"

„Huhu zusammen, ich brauche mal euren Rat wegen Fahren unter Alkoholeinfluss. Ich habe gestern im Restaurant so zehn, elf Bier (0,5 Liter) getrunken. Zum Nachtisch dann noch fünf, sechs Whiskey. Also an sich gar nicht so viel. Trotzdem habe ich sicherheitshalber das Auto stehenlassen und den Bus genommen. Dann kam tatsächlich eine Polizeikontrolle und die haben Autofahrer rausgezogen und pusten lassen. Den Bus haben sie aber durchgewunken, was mich echt überrascht hat. Ich bin vorher nämlich noch nie Bus gefahren. Der Bus steht jetzt bei mir hinterm Haus. Weiß jemand, wie ich den unauffällig wieder loswerden kann?"

Nach einer irren Verfolgungsjagd durch die Stadt stoppt die Polizei Herrn Ebling. „So viel Spaß hatten wir seit Monaten nicht mehr", lächelt der Polizist. „Wenn Sie eine gute Entschuldigung haben, lassen wir das mit der Anzeige und dem Strafzettel." „Vor fünf Tagen hat mich meine Frau wegen eines Polizisten verlassen", erklärt Herr Ebling. „Und als ich Ihr Auto sah, fürchtete ich, Sie wollten sie zurückbringen."

WIR LIEBEN ES LUSTIG

Zwei Polizisten entdecken an der österreichischen Grenze kurz vor Feierabend einen erhängten Selbstmörder an einem Baum. „Wenn wir das melden, sind wir in fünf Stunden noch nicht zu Hause", sagt der eine. „Weißt du was?", sagt der andere. „Wir hängen den einfach zu den Österreichern rüber und machen Feierabend." Gesagt – getan. Kurze Zeit später kommen zwei österreichische Polizisten vorbei. Sagt der eine völlig erstaunt: „Jetzt hängt der schon wieder da!"

Zwei Polizisten fahren gegen einen Baum: Sagt der eine: „Wow, so schnell war ich noch nie am Unfallort."

Die besten Chef-Witze

Der Boss und ein Mitarbeiter gehen zeitgleich auf die Toilette und stehen am Pissoir. Sagt der Mitarbeiter: „Schön, dass wir hier mal nebeneinander wie ganz normale Menschen stehen." Sagt der Chef: „Naja, aber auch hier haben Sie den Kürzeren gezogen."

Kunde: „Ich möchte Ihren Chef sprechen!" Sekretärin: „Geht leider nicht, er ist nicht da!" Kunde: „Ich hab' ihn doch durchs Fenster gesehen!" Sekretärin: „Er Sie auch!"

Treffen sich zwei Mitarbeiter beim Kaffeeautomaten: „Hast du schon mitbekommen? Unser Chef ist plötzlich verstorben." „Ja, ich hab's in der Zeitung gelesen", sagt der andere. „Aber ich frage mich die ganze Zeit, wer mit ihm gestorben ist." – „Wieso mit ihm?" – „Weil in der Todesanzeige stand: Mit ihm starb einer unserer fähigsten Mitarbeiter."

Höchst verehrter Chef,
das monatliche Gehaltsvolumen meines Arbeitsta-
rifes ist leider aufgebraucht. Ich arbeite nun mit re-
duzierter Geschwindigkeit. Möchten Sie weiterhin
meine volle Arbeitsleistung nutzen? Dann können
Sie unter www.gehalt.erhoehen.com sieben oder
vierzehn Tage ab 899 Euro dazu buchen. Beach-
ten Sie bitte, dass zu viel gebuchtes Arbeitsvolu-
men nicht auf den Folgemonat übertragbar ist und
mit der nächsten Gehaltsabrechnung verfällt.

Ein großer Gewerkschaftsboss hat Herzbeschwer-
den und geht daher zum Kardiologen. Der unter-
sucht ihn gründlich und stellt am Ende fest: „Es tut
mir leid, aber Sie benötigen dringend einen Herzschrittmacher. – Möchten Sie denn ein schwarzes
oder lieber ein rotes Modell?" Daraufhin der Gewerkschaftsboss: „Selbstverständlich kommt nur
ein rotes in Frage!" Nach überstandener Operation
sehen sich der Kardiologe und der Gewerkschaftsboss bei der ersten Visite wieder. Der Gewerk-
schaftler sagt: „Herr Doktor, ich habe jetzt zwar einen roten Herzschrittmacher erhalten, aber man
sieht ja von außen die Farbe gar nicht. Was genau
ist denn der Unterschied zwischen den beiden?"
Antwortet der Kardiologe: „Ganz einfach: der rote
arbeitet nur 28 Stunden die Woche."

Fragt der Chef am Montag: „Tolle Projekte. Freuen Sie sich auf die Arbeitswoche?" Sagt die Angestellte: „Ich muss meinem Einhorn in der Mittagspause noch die Haare färben." Der Chef schaut irritiert: „Wollen Sie mich veralbern?" Daraufhin sie: „Sie haben doch damit angefangen!"

Der Boss steht entsetzt vor dem aufgebrochenen Tresor und fragt den Lehrling: „Ist jetzt wirklich das ganze Geld weg?" „Aber nein", beruhigt der ihn, „es ist nicht weg, es gehört jetzt nur jemand anderem."

Foto: Pixabay

„Man soll ja gehen, wenn es am schönsten ist. Also Tschüss, dann bis morgen!" „Aber Sie sind doch gerade erst gekommen." „Stimmt, Boss. Aber ich bin sicher, schöner wird es heute nicht mehr."

Ein Chef ist verzweifelt, dass bei ihm im Büro so viele zu spät kommen. Da fragt er einen anderen Boss: „Warum sind deine Mitarbeiter denn immer so pünktlich?" Sagt der: „Ganz einfacher Trick: 50 Mitarbeiter, aber nur 20 Parkplätze."

Erklärt der Mitarbeiter seinem Chef zu den ungeliebten Wochenenddiensten: „Ich muss morgen leider frei haben, weil ich zur Beerdigung meines Onkels muss." Als der Chef am nächsten Tag zum großen Fußballspiel Dortmund gegen Schalke geht, sitzt der Mitarbeiter direkt neben ihm. „Ach was, ich denke, Sie wollen Ihren Onkel beerdigen?" Sagt der Mitarbeiter: „Warten Sie das Ende des Spiels ab. Mein Onkel ist der Schiedsrichter."

Chef: „Sie wissen, dass Alkohol während der Arbeitszeit bei uns streng verboten ist." Sagt die Angestellte nur: „Keine Angst, ich arbeite nicht."

Die besten Diät-Witze

Jahrelang hat man uns eingeredet, dass Kalorien nach 18 Uhr dick machen. Und nun haben Forscher entdeckt: Kalorien wissen gar nicht, wie spät es ist!

Liebe Diät, es klappt leider nicht mit uns beiden. Es liegt aber an dir und nicht an mir. Du bist geschmacklos und langweilig. Da muss ich dich einfach betrügen.

Als ich auf der Waage stand, war mir klar: Wer ein Herz aus Gold hat, Nerven wie Drahtseile und einen Charakter aus Stahl, der kann gar nicht wenig wiegen.

Fragt die Ehefrau verwundert ihren Mann: „Du machst zwei Diäten?" Sagt der: „Ja, von einer werde ich nicht satt."

Ist mir egal, wenn Männer auf eine perfekte Figur stehen. Pizza ist nämlich viel geiler als so ein oberflächlicher Lackaffe.

Fragt die Freundin: „Na, wie läuft es mit der Diät?" „Habe eben einen Apfel gegessen", sagt er stolz. „Zwar mit Kuchen drum. Aber egal, zählt trotzdem als Obst."

Meinem Spiegel zufolge bin ich schwanger. Nutella ist der Vater.

Unterhalten sich zwei Frauen: „Ich bin fett!" Sagt die andere: „Quatsch, du bist perfekt!" Unterhalten sich zwei Männer: „Ich bin fett!" Sagt der andere: „Ja, und hässlich bist du auch!"

Die besten Schwie-germutter-Witze

38 Grad Hitze im Sommer, der Radiosender warnt: „Denken Sie bitte daran, bei den Temperaturen Kinder und Tiere nicht im Auto zu lassen, Schwiegermütter sind okay."

Es klingelt an der Tür eines Ehepaares. Sagt sie: „Hier ein paar Süßigkeiten. Tolles Hexenkostüm, auch wenn du ein paar Tage zu früh kommst." Sagt er: „Schatz, das ist nicht lustig! Lass' meine Mutter rein!"

Ein Mann läuft einem Hundebesitzer eilig hinterher und stellt ihn zur Rede: „Ihr Hund hat meine Schwiegermutter gebissen." Sagt der Hundebesitzer: „Oh, das tut mir leid. Jetzt wollen Sie wohl ein Schmerzensgeld dafür?" „Aber nein", sagt der Mann, „ich möchte Ihren Hund kaufen."

Idealgewicht einer Schwiegermutter? 80 Kilogramm … mit Sarg.

Nach 15 Jahren Ehe hat er die Schnauze voll. Er trinkt sich Mut an und geht zu seiner Frau: „Schatz, ich weiß nicht, wie ich dir das sagen soll, aber 15 Jahre sind genug. Ich trenne mich nicht von dir, aber ich halte deine Schwiegermutter hier im Haus nicht mehr aus. Sie muss ausziehen!" Sie schaut ihn verwundert an: „Wie, das soll meine Mutter sein? Ich dachte all die Jahre, das ist deine."

„Schwiegermutter, wie lange bleibst du?" „Bis ich euch auf die Nerven falle." „Was, nur so kurz."

Foto: Pixabay

Beim Amtsgericht: „Angeklagter, Sie haben 50 Mal auf ihre Schwiegermutter geschossen?", fragt der Richter. Sagt er: „Ja, mehr Patronen hatte ich nicht."

Die Ehefrau kommt völlig verheult zu ihrer Schwiegermutter. Sie schluchzt: „Er hat gesagt, ich soll mich zum Teufel scheren!" Da antwortet die Schwiegermutter: „Und da kommst du ausgerechnet zu mir?"

Der Chef kommt morgens in sein Büro und wundert sich, dass sein Mitarbeiter am Schreibtisch sitzt: "Nanu, ich denke, deine Schwiegermutter wird heute beerdigt. Was machst du denn hier?" Darauf sagt der Mitarbeiter: "Erst die Arbeit, dann das Vergnügen."

Ein Mann kommt in die Apotheke und verlangt Rattengift. Da sagt der Apotheker: „Das kann ich Ihnen nur mit einem Rezept verkaufen." Der Mann zeigt ein Bild seiner Schwiegermutter. Darauf der Apotheker: „Das lasse ich gelten!"

Sagt die Wahrsagerin zum Ehemann: „Morgen stirbt Ihre Schwiegermutter ganz plötzlich." „Das weiß ich doch", antwortet der Mann. „Mich interessiert nur, ob ich freigesprochen werde."

Die besten Sex-Witze

Ein Mann klingelt an der Tür. Ein anderer öffnet. Sagt der erste: „Guten Tag! Ich heiße Umberto und bin gekommen, um Ihre Tochter mal so richtig zu ficken."
Darauf der zweite Mann entsetzt: „Um WAS...?"
Antwortet der Erste: „Um-ber-to!".

Meine Frau sagt, ich soll Medikamente besorgen, damit es im Bett wieder klappt. Bin ich in die Apotheke und habe ihr Diätpillen mitgebracht.

Brüste sind der deutliche Beweis, dass Männer sich sehr wohl auf zwei Dinge gleichzeitig konzentrieren können.

Warum ist Sex mit der Lehrerin besser als mit der Krankenschwester? Die Krankenschwester sagt: „Der Nächste, bitte!" Die Lehrerin sagt: „Wir wiederholen das Ganze nochmal!"

Ein Paar beim heißen Sex. Sie fängt an wild zu stöhnen: „Jaaaa, gib's mir. Sag' mir dreckige Sachen!" Er: „Küche, Bad, Wohnzimmer."

Ein Paar geht zu einem Sexualtherapeuten. Der Arzt fragt: „Was kann ich bitte für Sie tun?" Die Frau antwortet: „Würden Sie uns beim Sex zuschauen?" Der Arzt schaut etwas irritiert, aber er stimmt zu. Als das Ehepaar „fertig" ist sagt der Therapeut: „Es ist nichts Ungewöhnliches bei ihrer Art Sex zu haben." Er verlangt 60 Euro für die Sitzung. Dieses wiederholt sich etliche Male in den nächsten Monaten. Das Paar macht einen Termin, hat Sex ohne Probleme, zahlt den Sextherapeuten und gehen. Irgendwann fragt der Arzt: „Was genau versuchen Sie, bei mir heraus zu finden?" Der Mann sagt: „Wir versuchen nichts heraus zu finden. Sie ist verheiratet und wir können nicht zu ihr. Ich bin verheiratet, also auch nicht zu mir. Das Best Western nimmt 110 Euro für ein Zimmer, das Hilton 165 Euro. Wir machen es bei ihnen für 60 Euro und bekommen jeder 25 Euro Zuschuss von der Techniker Krankenkasse.

Christina schreckt vom Liebesspiel auf, weil das Handy klingelt. Sie geht ran. Nach einer Weile sagt sie zu ihrem Liebhaber: „Du Michael, alles klar. Mein Mann hat gerade angerufen und gesagt, dass er erst spät nach Hause kommt, weil er mit dir noch einen trinken geht."

Ich stehe in der Schlange vor der Kasse, als mir eine heiße Brünette, die etwas weiter hinten steht, freundlich zuwinkt und mich anlächelt. Ich kann es nicht fassen, dass so eine Schönheit mir zuwinkt und obwohl sie mir irgendwie bekannt vorkommt, kann ich nicht sagen, woher ich sie kenne. Dennoch frage ich sie: „Entschuldigung, kennen wir uns?" Sie sagt: „Ich bin mir nicht sicher, aber ich denke, Sie müssten ein Vater einer meiner Kinder sein." Ich erinnere mich zurück an das einzige Mal, dass ich untreu war. „Um Gottes willen!" sage ich, „Bist du diese Stripperin, die ich an meinem Polterabend am Tischfußballtisch vor den Augen meiner Kumpel genommen habe, während deine Kollegin mich auspeitschte?" „Nein", erwidert sie kalt. „Ich bin die Klassenlehrerin von Ihrer Tochter."

Foto: Pixabay

Die kleine Hanna kommt ins elterliche Schlafzimmer und sieht, wie ihre Mama auf dem Vater sitzt. Als Erklärung fällt der Mutter nur ein: „Ich muss Papa den dicken Bauch wegmassieren." Darauf Hanna: „Das hilft nichts, jeden Dienstag kommt die Nachbarin und bläst ihn wieder auf!"

Sagt die Lehrerin zur Klasse: „Es sitzen 5 Vögel auf einem Ast, einer wird vom Jäger abgeschossen. Wie viele bleiben?" Sebastian antwortet: „Keiner, da alle erschrocken und weggeflogen sind" Die Lehrerin: „Gut gesagt Sebastian, deine Art zu denken gefällt mir!" Darauf fragt Sebastian die Lehrerin: „Es sitzen drei Frauen im Eiscafé. Die erste Frau schleckt das Eis, die zweite Frau löffelt das Eis und die dritte Frau saugt es. Welche von diesen drei Frauen ist verheiratet?" Die Lehrerin mit rotem Gesicht: „Ähh ... ich glaube, es ist die Frau die am Eis saugt?" Sebastian: „Nein Frau Lehrerin, es ist die Frau mit einem Ehering am Finger, aber ihre Art zu denken gefällt mir."

Der 17-jährige Michael geht zum Haus von Susi und beobachtet sie durchs Fenster, wie sie sich gerade auszieht. Da macht ihre Mutter plötzlich die Tür auf und fragt ihn, was er da macht. „Guten Abend Frau Fischer, ich wollte fragen, ob ich Susi mit zum Fischen nehmen darf." Drauf die Mutter: „Ich heiße doch gar nicht Fischer, sondern Vogel!" Darauf Michael: „Ja, das weiß ich, aber ich dachte, ich kann ja nicht gleich mit der Tür ins Haus fallen."

Ein Satz, den du sowohl beim Sex, als auch beim Familienessen sagen könntest: „Schön, dass alle gekommen sind."

41

Die besten Baby-Witze

Kommt der Papa mit dem Fläschchen angerannt: „Schatz, gibst du mir bitte das Baby." Sagt die Mutter: „Wir müssen warten, bis es weint." Der Papa ist verdutzt: „Wieso?" „Weil ich nicht mehr weiß, wo ich es hingelegt habe."

Neugeborenen-Station im Krankenhaus: Sagt das eine Babys zum anderen: „Ich bin ein Junge!" Sagt das andere: „Das glaube ich dir nicht!" „Warte bis die Schwester raus ist, dann zeige ich es dir!" Kaum ist die Krankenschwester weg, zieht es die Bettdecke weg, hebt die Beinchen und sagt: „Schau doch: blaue Söckchen!"

„Ich nenne mein Erstgeborenes Emma!" Fragt die Freundin: „Und wenn es ein Junge wird?" „Dann wird Emma es im Leben sehr schwer haben."

Eine attraktive Frau sagt zum Busfahrer: „Ein Kind bitte." Fahrer: „Kein Problem, sogar sehr gerne. Aber weiß Ihr Mann davon?"

Der König von Swasiland betrachtet die Babys auf der Neugeborenen-Station. Fragt die Schwester: „Hoheit, welches ist denn Ihr Kind?" Sagt der König: „Die ersten zwei Reihen."

Sagt die Mutter auf dem Spielplatz entsetzt zu ihrem Mann: „Schatz, das ist nicht unser Baby!" Sagt er: „Pssst, ganz leise! Der Kinderwagen ist aber viel, viel besser!"

Der Papa deckt seine kleinen Zwillinge Louisa und Nora zu. Louisa kichert die ganze Zeit. Da fragt der Papa: „Was ist denn los?" Sagt Louisa: „Du hast Nora zweimal gewaschen und mich gar nicht."

Foto: Pixabay

David kommt weinend aus dem Kindergarten. „Was ist denn los?", fragt seine Mutter besorgt. „Alle wussten, dass der Storch die Babys bringt. Nur ich bin auf eure komische Geschichte von Mann und Frau und dem Aufeinanderliegen rein-gefallen."

Steigt eine Frau mit Baby auf dem Arm in den Bus ein. Der Busfahrer schaut sie an und sagt: „Boah, ist das Kind hässlich." Die Frau ist entsetzt. Ganz blass setzt sie sich hinten in den Bus. Ein Mann spricht sie an und sagt: „Das würde ich mir nicht gefallen lassen. Dem sollten Sie die Meinung geigen, das ist doch eine Un-verschämtheit. Gehen Sie ruhig, ich halte so lange ih-ren Affen."

„Marie, möchtest du lieber ein kleines Brü-derchen oder ein kleines Schwesterchen?", fragt die Oma. Sagt Marie: „Am liebsten hätte ich einen kleinen Hund!"

Der Vater wundert sich, was sein Baby wohl haben mag. Es weint die ganze Zeit. Da fragt die kleine Schwester: „Papa, hast du denn keine Gebrauchs-anweisung dazu bekommen?"

Zwei Männer sitzen an einer Bar, sagt der eine zum an-deren: „Meine Frau hat das 'Doppelte Lottchen' gelesen und hat prompt Zwillinge bekommen." Sagt der Zweite: „Ja und meine hat die 'Drei Musketiere' gelesen und hat Drillinge bekommen." Läuft der Barkeeper grün an und schreit: „Ich muss sofort nach Hause, meine Frau liest gerade 'Ali Baba und die 40 Räuber'!"

Die besten Psycholo-gen-Witze

Im Wartezimmer eines Psychiaters führt sich ein Mann wie Tarzan auf. Fragt eine andere Patientin: „Wer hat Ihnen denn eigentlich gesagt, dass Sie Tarzan sind?" Im Brustton der Überzeugung kommt die Antwort: „Der liebe Gott." Da steht in der Ecke des Zimmers ein Dritter auf und fragt: „Was soll ich gesagt haben?"

Stürzt eine junge Frau beim Psychiater rein. „Überall Libellen, überall Libellen", schreit sie. „Überall Libellen." Sie wedelt wild mit den Armen rum. Der Psychiater wedelt nun auch wild mit den Armen rum und ruft: „Doch nicht alle zu mir rüber!"

Sie strahlt ihn an: „Ich liebe Männer mit einer tollen Persönlichkeit." Er antwortet: „Wirklich? Ich habe mehrere." Sie: „Wie meinst du das jetzt?" Er: „Ach, ist schon gut. Du brauchst nicht auf ihn zu hören."

Der Psychotherapeut bekommt von einem Privat-
patienten ewig sein Geld nicht. Er ist sauer und will
den Mann auf psychologisch dezente Weise auf
seine Schulden hinweisen. Er schickt dem Patienten ein Foto seiner fünf Kinder und schreibt: „Das
ist der Grund, weshalb ich dringend mein Geld
brauche." Eine Woche später bekommt er den Ant-
wortbrief mit dem Foto einer heißen Blondine im
Bikini und dazu folgendem Text: „Das ist der
Grund, aus dem ich nicht zahlen kann!"

Foto: Pixabay

Fragt der Psychiater eine ältere Dame:
„Worauf führen Sie denn ihre großen Kon-
taktschwierigkeiten zu anderen Menschen
zurück?" Sagt sie: „Du Niete, das sollst du
doch herausfinden, du verdammtes Arsch-
loch, du Hurensohn, du mieser Abzocker!"

„Hochwürden, ich bin aus der CSU ausgetreten", gesteht der sterbende Bayer dem Seelsorger im Krankenhaus. „Das ist doch nicht so schlimm", tröstet ihn der katholische Pfarrer und Psychologe." „Noch was, Hochwürden! Ich bin bei den Sozis eingetreten." Jetzt ist der Geistliche entsetzt: „Warum zum Teufel hast du denn das gemacht?" „Ja mei...", sagt der Bayer, „...i hob ma gedacht, lieber stirbt einer von denen, als oana von uns..."

Eine Deutsche reist nach Südamerika in eine einsame Gegend im Amazonas und verliebt sich in einen Kannibalen. Die Liebe ist so groß, dass sie ihn heiratet und mit nach Deutschland nimmt. Sie kommt mit seinen Essgewohnheiten nicht zurecht und schickt ihn deshalb zum Psychiater. Als er wieder zurück kommt fragt sie ihn: „Und, wie war er?" „Lecker!"

Ein Mann sitzt bei einer psychologischen Untersuchung. Der Psychotherapeut malt einen Strich und fragt: „Woran denken Sie?" Sagt der Patient: „An Sex!" Der Psychotherapeut malt nun einen Kreis und fragt: „Woran denken Sie?" Sagt der Patient: „An Sex!" Dann malt der Psychotherapeut ein Dreieck und fragt: „Woran denken Sie jetzt?" „Wieder an Sex", sagt der Mann. „Sie denken einfach immer an Sex", sagt der Psychotherapeut. Dazu der Patient: „Wer malt denn hier die ganze Zeit Schweinereien?"

Fragt der Psychotherapeut die Patientin: „Haben Sie Verwandte?" Sagt die Patientin: „Eine Zwillingsschwester. Wir wurden immer verwechselt. Wenn sie was angestellt hatte, bekam ich aber die Prügel. Aber jetzt habe ich es ihr heimgezahlt." „Wie denn das, bitte?", fragt der Psychotherapeut erstaunt. „Letzte Woche bin ich gestorben, aber sie haben sie beerdigt!"

Ein Mann, der unter einer Psychose leidet, ist felsenfest überzeugt: „Ich bin tot." Alle Überzeugungsversuche des Psychotherapeuten schlagen fehl. Er hatte auf die Körpertemperatur, auf die Atemfunktionen und vieles andere hingewiesen. „Ich bin schon tot", sagt der Mann erneut. Schließlich fragt der Psychotherapeut den Patienten: „Sagen Sie, bluten Leichen?" Der Patient sagt: „Natürlich nicht." Der Psychotherapeut ritzt mit einem Messer dem Patienten leicht in den Zeigefinger. Dieser beginnt sofort zu bluten. Der Psychotherapeut freut sich und sagt „Was sagen Sie jetzt?" Der Patient antwortet: „Okay, ich habe mich getäuscht. Leichen bluten doch."

Die besten Tier-Witze

Unterhalten sich zwei Turnierpferde. Fragt das eine: „Na, hast du es über das Hindernis geschafft?" Antwortet das andere: „Nee, aber mein Reiter."

Treffen sich zwei Ziegen auf der Wiese. Sagt die eine: „Wollen wir heute Abend in die Disco gehen?" Sagt die andere: „Nein, keinen Bock."

Sitzt eine Frau auf dem Balkon im vierten Stock. Plötzlich sieht sie eine Schnecke und wirft sie runter. Nach fünf Jahren klingelt es an der Tür. Als die Frau die Tür aufmacht, steht die Schnecke davor und fragt: „Was sollte jetzt die Aktion gerade eben?"

Eine Frau will die Katze ihres Mannes loswerden und beschließt, sie auszusetzen. Sie nimmt sie mit ins Auto, fährt zwanzig Häuser weiter, setzt die Katze aus und fährt heim. Zehn Minuten später ist die Katze wieder da. Na gut, denkt sich die Frau, war vielleicht ein wenig zu kurz die Strecke. Setzt sich wieder mit der Katze ins Auto, fährt fünf Kilometer weit und setzt sie aus. Zwanzig Minuten später ist die Katze wieder zu Hause. Jetzt reicht`s! denkt sich die Frau, nimmt die Katze mit ins Auto und fährt dreißig Kilometer, dann durch den Wald, über eine Brücke, rechts, links und setzt die Katze dann schließlich mitten im Wald auf einer Lichtung aus. Zwei Stunde später ruft die Frau zu Hause an. „Ist die Katze da?" fragt sie ihren Mann. „Ja, warum?" „Hol sie mal ans Telefon, ich habe mich verfahren."

Geht ein Dalmatiner im Supermarkt einkaufen. Fragt die Kassiererin: „Sammeln Sie Punkte?"

Treffen sich ein Elefant und ein Kamel. Fragt der Elefant: „Wieso hast du deine Brüste auf dem Rücken?" Antwortet das Kamel: „Wieso hast du einen Penis mitten im Gesicht?"

Foto: Pixabay

Kommt ein Cowboy aus dem Friseur-Salon. - Pony weg!

Was ist Schwarz-Weiß, steht auf der Weide und macht Quark? - Eine Kuh mit Fremdsprachen-kenntnissen.

Wo wohnen Katzen? - Im Mietzhaus!

Was liegt am Strand und redet undeutlich? - Eine Nuschel.

Die besten Auto-Witze

Fährt ein Autofahrer bei Rot über die Ampel und wird von einer Polizistin angehalten. Er lässt lässig das Fenster runter und fragt: „Wieviel?" - „90 Euro", erwidert die Polizistin streng. Darauf mustert der Autofahrer die hübsche Polizistin und sagt: „Okay Puppe, steig ein!"

"Wohin darf es denn heute gehen?" fragt der Chauffeur. "Ich möchte Selbstmord begehen," seufzt der Graf, "fahren Sie mich bitte mit Vollgas gegen einen Baum."

Ein BMW-Fahrer fährt bestgelaunt und laut trällernd von der Firmenfeier nach Hause. Verkehrskontrolle: „Haben Sie was getrunken?" „Nur acht kleine Wachtmeister, Herr Jägermeister."

Jörn ist per Anhalter auf dem Weg nach Pinneberg. Er hält ein Auto an und fragt: „Wie weit ist es bis Pinneberg?" Der Autofahrer: „Etwa. 30 Minuten." Jörn: „Können Sie mich mitnehmen?" Autofahrer: „Klar, steigen Sie ein!" Eine Stunde vergeht. Jörn kommt die Sache etwas komisch vor. Er wird immer unruhiger. Nach weiteren 30 Minuten entschließt er sich doch noch mal zu fragen: „Ja wie weit ist es denn noch bis nach Pinneberg?" Autofahrer: „So knapp zwei Stunden." Jörn: „Was? Sagten Sie nicht es wären noch 30 Minuten?" Autofahrer: „Ja, aber Pinneberg liegt in der anderen Richtung."

Die achtzehnjährige Jasmin schaut ihren Vater mit liebevollem Blick an und fragt: „Papa, soll ich dir von meiner ersten Fahrt mit deinem neuen Auto erzählen - oder willst du es lieber morgen in der Zeitung lesen?"

Der Autofahrer geht vor dem Tanken in die Tankstelle und fragt: „Wie teuer ist ein Tropfen Benzin bei Ihnen?" Der Tankwart überlegt und sagt dann freundlich: „Ein Tropfen ist umsonst." Sagt der Autofahrer: „Gut, dann bitte volltröpfeln."

Ein Landwirt steht mit seiner Kuh am Straßenrand und will trampen. Kommt ein Porsche vorbei. Sagt der Fahrer: „Steig ein, du kannst mitkommen. Aber was machen wir mit der Kuh?" Sagt der Bauer: „Das ist kein Problem. Die hängen wir hinten dran, die ist flott." Bei 60 km/h schaut der Porschefahrer skeptisch in den Rückspiegel, aber die Kuh läuft superschnell. Da will der Porschefahrer es wissen und beschleunigt auf Tempo 80. Er schaut wieder in den Rückspiegel und sagt. „Ich werde lieber langsamer weiterfahren. Der Kuh schaut schon das linke Auge raus." Sagt der Bauer: „Ach was, brauchst du nicht. Das macht die immer so, wenn sie links überholen will."

Foto: Pixabay

Kommt ein Fordfahrer zur Tankstelle und sagt zum Tankwart: „Ich hätte gerne für meinen alten Ford Scorpio zwei neue Scheibenwischer." Sagt der: „Das halte ich für einen fairen Tausch."

Ein Autofahrer wird von einem Polizisten ange-halten. Im Wagen sitzt noch seine Frau und der Sohn. Der Polizist verlangt den Führerschein. Schreit der Fahrer den Polizisten an: „Sind Sie bescheuert? Was für eine Sauerei! Letzte Woche nehmen Sie mir den ab und nun wollen Sie ihn wiederhaben!" Dann schimpft seine Frau los: „Glauben Sie dem kein Wort. Der erzählt nur Schwachsinn, wenn er besoffen ist!" Da fängt der Sohn hinten an zu weinen und schreit seine Eltern an: „Ich wusste gleich, dass wir mit der gezockten Karre nicht weit kommen!"

Eine junge Frau steigt in ein Mercedes-Taxi und fragt: „Wofür ist denn der Stern da vorn auf der Mo-torhaube?" Der Taxifahrer überlegt und sagt dann mit einem Schmunzeln: „Damit ziele ich und dann fahr' ich Rentner übern Haufen." Er gibt Vollgas und visiert einen alten Mann, die gerade über die Straße geht. Im letzten Moment weicht er aus und blickt lächelnd in den Rückspiegel. Da sieht er fas-sungslos, dass der Opa regungslos auf der Straße liegt. Von hinten schimpft die junge Frau: „Mann, Mann, Mann. Wenn ich nicht noch schnell die Tür aufgerissen hätte, dann hätten wir den sicher nicht mehr erwischt."

Eine Frau und ein Mann, die ihren Führerschein wegen Alkohol am Steuer verloren haben, treffen sich bei der MPU. Sie sind beide sehr nervös. Kommt die Frau nach dem Test mit einem Lächeln wieder raus. Fragt er: „Und, wir war's?" Sagt sie: „Ach, war total einfach. Die haben mir nur zwei Tiere genannt und ich musste sagen, was mir dazu einfällt. Zu Löwe sagte ich Afrika, zu Känguru Australien." Dann geht der Mann voller Zuversicht ins Untersuchungszimmer. Nach kurzer Zeit kommt er wieder mit Tränen in den Augen raus. Fragt sie: „Und wie ist es bei dir gelaufen?" Sagt er: „Furchtbar, obwohl sie mir auch nur zwei Tiere genannt haben." Fragt sie erstaunt: „Wieso das denn?" Der Mann schluchzt und antwortet: „Die haben Adler gesagt und ich habe gesagt, dass die montags immer zu haben. Dann haben sie Hirsch gesagt und ich habe gesagt, dass ich da immer hingehe, wenn der Adler dicht ist."

Welche Autofahrer sind die Nettesten? Die Geisterfahrer, die sind wirklich sehr entgegenkommend.

Die besten Beamten-Witze

„Wie viele Beamte arbeiten in diesem Büro?", wird der Bürgermeister gefragt. Der überlegt kurz und antwortet dann: „Knapp die Hälfte."

Ein Beamter sitzt im Büro auf seinem Stuhl. Da kommt eine gute Fee und sagt ihm, dass er drei Wünsche frei hat. Da wünscht sich der Beamte, auf einer Karibik-Insel mit Palmen und Sonnenschein zu liegen. So geschieht es und der Beamte liegt am schönsten Strand der Welt. Als er seinen zweiten Wunsch äußert, mit wunderschönen Frauen am Strand verwöhnt zu werden, geht auch dieser Wunsch in Erfüllung. Als letztes wünscht er sich, nie wieder zu arbeiten, kein Stress mehr, nur noch erholsame Ruhe. Die Fee erfüllt ihm auch diesen Wunsch und schon sitzt er wieder im Büro.

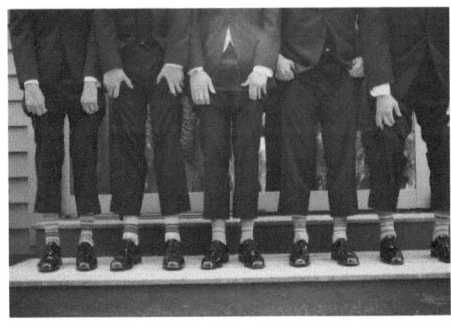

Foto: pexels.com

Drei Mädchen streiten darüber, wessen Vater der schnellste ist. Das erste: „Mein Vater ist Rennfahrer, der ist sicher der schnellste!" Das zweite: „Vergiss es! Meiner ist Pilot bei der Luftwaffe, der ist viel schneller!" Das dritte Mädchen: „Nein, mein Papa ist noch schneller!" Die beiden anderen sind erstaunt und fragen: „So, und wie macht er das?" – „Er ist Beamter." Großes Gelächter. „Nein, wirklich! Er ist so schnell, dass er am Freitag um vier Uhr mit der Arbeit aufhört, aber schon um ein Uhr zu Hause ist."

Eine Beamtin isst einen faulen Apfel. Der Kollege sieht es und fragt: „Warum isst du einen faulen Apfel?" „Als ich angefangen habe, war er noch gut."

Sagt der Beamte (41): „Ich bin jetzt in einem Alter, wo ich mit einem Wochenende pro Woche nicht mehr auskomme."

Sagt der Beamte morgens zu seiner Frau: „Schatz, mach bitte den Kaffee nicht wieder so stark. Gestern habe ich im Büro kein Auge zugekriegt."

Ein Amerikaner, ein Franzose und ein deutscher Beamter: Der Amerikaner ist blind, der Franzose sitzt im Rollstuhl und der deutsche Beamte hat einen gebrochenen Arm. Plötzlich steht ein Engel vor ihnen und fragt, was er für sie tun kann. Der Amerikaner sagt, dass er wieder sehen möchte. Der Engel streicht ihm über die Augen und der Amerikaner kann wieder sehen. Dann streicht der Engel dem Franzosen über die Beine und er kann wieder gehen. Sagt der deutsche Beamte: „Bevor du jetzt irgendetwas machst, denk daran, ich bin noch fünf Wochen krankgeschrieben."

„Donnerwetter", sagt der Beamte, als er den schlafenden Kollegen sieht. „Der hat sich aber superschnell bei uns eingearbeitet."

Wütend schlägt eine Beamtin im Gartenbauamt eine Schnecke tot. „Wieso machst du das denn?", fragt ihr Kollege sie empört. „Das aufdringliche Mistviech hat mich schon den ganzen Tag verfolgt."

Die besten Essen-
und-Trinken-Witze

Die Mutter ist sauer und fragt: „Was passiert mit Mädchen, die ihre Nudeln nicht aufessen?" Sagt die Tochter: „Die bleiben schlank und werden später Germanys next Topmodel."

Vater und Mutter sitzen mit ihren beiden Kindern im Restaurant und die Portionen waren zu groß. Der Familienvater will die Reste einpacken lassen. Es ist ihm aber irgendwie peinlich und deswegen sagt er zum Kellner: „Entschuldigen Sie, würden Sie uns bitte die Reste für unseren Hund zusammenpacken?" Die beiden Kinder: „Hurra wir kriegen einen Hund!"

Fragt die Bedienung höflich: „Und, wie fanden Sie Ihr Steak?" Antwortet der Gast: „Unter dem Salatblatt."

Ich habe so Vieles über die bösen Folgen von Bier, Wein, Schnaps, Cocktails und zu fettem Essen gelesen, dass ich jetzt beschlossen habe, mit dem Lesen ganz aufzuhören.

Liebe Veganer, es hat schon einen Sinn, warum es „dahinvegetieren" und nicht „dahinschnitzeln" heißt.

Sagt der Wirt in Hamburg zu seinem Gast: „Warum trinken Sie denn immer vier Bier und vier Schnaps gleichzeitig?" Sagt der: „Weil ich drei Brüder habe. Einen in München, einen in Stuttgart und einen in Köln. Und wir haben uns geschworen, jedes Bier und jeden Schnaps gemeinsam zu trinken." Am nächsten Abend bestellt der Gast nur noch drei Bier und drei Schnaps. Der Wirt ist entsetzt. „Nur noch drei Bier und drei Schnaps. Was ist passiert? Ist einer Ihrer Brüder gestorben?" Sagt der Gast: „Nein, keiner von den dreien. Ich war beim Arzt. Der sagt, ich soll kein Bier und keinen Schnaps mehr trinken."

Geht ein sehr dicker Mann in die Bäckerei: „Ich will Rumkugeln!" Sagt der Bäcker sauer: „Aber nicht in meinem Laden!"

Wie nennt man einen Keks unter einem Laubbaum? - Schattiges Plätzchen!

Foto: Pixabay

Ein Pfarrer hat einen Garten voller Apfelbäume. Jeden Tag verschwinden ein paar Äpfel. Da schreibt der Pfarrer ein Schild, auf dem steht: „Gott sieht alles!" Am nächsten Tag steht darunter: „Aber er petzt nicht!"

Wie heißen die wertvollsten Tomaten der Welt? - Geldautomaten!

Ich trinke nur mit Menschen, die ich mag. Bei Menschen, die ich nicht mag, trinke ich vorher.

Die besten Sport-Witze

„Der Weg von der Umkleide zum Ring ist aber echt weit", sagt der Boxer. „Beruhige dich", antwortet ihm sein Trainer. „Zurück wirst du sowieso getragen!"

„Papa, wann hat der HSV eigentlich zuletzt gewonnen?" „Warte mal mein Sohn", sagt der Vater nachdenklich. Nach langem Zögern meint er: „Du, frag' da lieber mal Opa."

Der Sohn des Fußball-Stars kommt stolz mit seinem Zeugnis nach Hause: „Papa, mein Vertrag mit der 6. Klasse ist erfolgreich verlängert worden."

Fragt der kleine Nici seinen Trainer: „Trainer, warum gibt es eigentlich viel weniger Frauenfussballmannschaften, als Männerteams?" Darauf der Trainer: „Du glaubst ja gar nicht wie schwierig es ist, 11 Frauen zu finden, die bereit sind, dasselbe anzuziehen."

Sagt die Richterin zum Angeklagten: „Ich habe eine gute und eine schlechte Nachricht für Sie." Angeklagter: „Okay, dann die schlechte zuerst." Richterin: „Die schlechte ist, sie werden erschossen!" Angeklagter: „Oh, und was ist dann die gute?" Die Richterin: „Arjen Robben schießt."

Der Olympiasieger liegt mit einer schweren Grippe im Bett. Der Teamarzt misst die Temperatur und sagt: „40.5 Grad." Darauf der Sportler: „Und was ist Rekord?"

Foto: Pixabay

„Du hast nichts als Fußball im Kopf!" schluchzt Merle. „Ich wette, du weißt nicht einmal mehr, wann wir geheiratet haben!" „Klar weiß ich das noch", wehrt sich Alberto. „Das war bei Dortmunds 2:1-Pokalsieg gegen die Eintracht."

Eine sehr hübsche Joggerin kommt in die Apotheke und sieht in der Ecke eine Waage stehen. Sie wirft einen Euro rein, wiegt sich und schreit entsetzt auf. Rasch holt sie noch einen Euro raus, legt Sportjacke und Mütze ab und wiegt sich von neuem. Sie zieht Schuhe, Sporthose und T-Shirt aus, nimmt den nächsten Euro und betritt wieder die Waage. Da kommt der Apotheker, stellt sich neben sie und sagt: „Machen Sie nur weiter, schöne Frau, ab jetzt geht es auf Kosten des Hauses."

Wie heißt der chinesische Sportminister? - Ping-Pong!

Eine Triathletin trifft eine Sport-Kollegin vor dem Schwimmbad mit einem supertollen neuen Rad. Die andere Triathletin ist absolut begeistert und fragt: „Wie kommst du zu so einem geilen Bike?" „Na ja, gestern war ich im Wald laufen, plötzlich begegnete mir dieser bildhübsche Kerl mit diesem Bike. Er warf das Rad auf den Boden, zog sich nackt vor mir aus und sagte: Nimm, was du willst." Die andere Triathletin überlegt kurz, nickt und sagt: „Spitzen-Wahl, die Kleider hätten dir sowieso nicht gepasst."

Die besten Senioren-Witze

Sagt der Opa zur Enkelin: „Du darfst dir zu Weihnachten ein schönes Buch von mir wünschen!" – „Super, dann wünsche ich mir dein Sparbuch."

Foto: Pixabay

„Ist Ihr Auto schon oft überholt worden?" fragt der Werkstattmeister den 91-jährigen Autofahrer. „Ja, sogar schon von Fußgängern."

Ein Rentnerehepaar ist mit dem Maserati in Deutschland auf der Autobahn unterwegs und fährt genau 81 km/h. Ein Polizist hält den Sportwagen an. Der Opa fragt: „Sorry, waren wir zu schnell?" Sagt der Polizist: „Nein, aber warum fahren Sie mit diesem Wagen so langsam?" Der Opa ist verwundert: „Darf ich denn etwa schneller fahren?" Polizist: „Ich denke, 130 km/h können Sie ruhig fahren." Sagt der Opa: erstaunt: „Aber auf dem Schild steht A81." Polizist: „Ja und? Was meinen Sie?" Sagt der Opa: „Na, da muss ich doch 81 km/h fahren." Polizist: „Nein, das ist doch die Nummer der Autobahn." Opa: „Ach so! Danke für den Hinweis." Der Polizist schaut irritiert auf die Rückbank des Autos und sieht die steif sitzende Oma mit weit aufgerissenen Augen. Da fragt der Polizist fürsorglich: „Was ist denn mit Ihrer Frau hinten los? Ist ihr nicht gut?" Da lacht der Opa laut auf: „Doch, doch! Nur, wir kommen gerade von der B297!"

Ein heller Sommertag. Der kleine Elia geht mit seinem Opa im Park spazieren. Der alte Mann rupft einen Grashalm aus und steckt ihn gedankenverloren in den Mund. „Opa, wir bekommen ein neues Auto!" „Wie kommst du denn jetzt da drauf?" „Papa hat gesagt, wenn Opa ins Gras beißt, kriegen wir einen Wagen!"

Welchen Song sollte man zu Weihnachten nicht im Seniorenheim spielen? Last Christmas!

Oma hat Bauchschmerzen. Opa schickt sie zum Arzt. Nach ihrer Rückkehr fragt er: „Na, was hat der Arzt gesagt?" Die Oma antwortet: „Er hat mir Zäpfchen gegeben, die soll ich rektal einnehmen. Was ist denn das bloß?" Sagt Opa: „Keine Ahnung, am besten gehst du nochmal hin und fragst ihn." Gesagt, getan. Opa fragt erneut: „Na, was hat der Arzt jetzt gesagt?" Oma: „Jetzt hat er gesagt, ich soll sie anal einnehmen. Was ist denn das bloß?" Sagt Opa erneut: „Keine Ahnung, am besten du rufst ihn nochmal an." Nachdem Oma telefoniert hat, kommt sie völlig aufgelöst in das Wohnzimmer. Oma ist empört: „Jetzt ist er richtig sauer! Er hat gesagt, ich soll sie mir in den Arsch schieben!"

„Schatz", sagt die verführerisch daliegende Ehefrau, „früher hast du an unserem Hochzeitstag immer meine Hand gehalten." Er nimmt ihre Hand. „Und dann hast du mich immer sinnlich geküsst, Schatz." Er küsst sie. „Und dann hast du mich immer ganz zart in den Busen gebissen! " Er wirft die Bettdecke zurück und stürzt aus dem Schlafzimmer. „Aber Schatz, wohin gehst du?" „Ins Bad. Meine Zähne holen."

Ein Milliardär aus München lässt einen Gesundheits-Check machen und fragt ganz offen nach Sex mit seiner jungen Freundin. Sagt der Arzt: „Guter Mann, Sie sind jetzt 97, Ihre Freundin 26, da kann jeder Sexualkontakt zum Tode führen!" Worauf der alte Herr meint: „Na ja, dann stirbt sie halt!"

WIR LIEBEN ES LUSTIG

Die besten bunten Witze

Er und Sie feiern silberne Hochzeit. 25 Jahre, feines Restaurant und alles ist perfekt. Beim Dessert gesteht sie ihm: „Schatz, ich habe seit 25 Jahren ein Geheimnis, das ich dir nie verraten habe!" Voller Spannung erwartet er, wie sie weiterspricht: „Schatz, ich bin farbenblind!" Darauf er unglaublich erleichtert: „Okay Liebling, das ist doch nicht schlimm! …Aber ich habe auch so ein Geheimnis. Ich stamme gar nicht aus Mainz-Mombach, sondern aus Mombasa."

Sagt Ben zu seinem Papa: „Du hast mir gesagt, ich soll eine Kartoffel in meine Badehose stecken. Es imponiert den Mädchen im Schwimmbad, richtig!" Sagt der Vater: "Ja, darauf stehen die total." Sohn: "Du hast aber leider vergessen zu erwähnen, dass ich sie vorne in die Badehose hätte stecken müssen."

Treffen sich zwei Schneemänner. Sagt der eine: „Du schuldest mir noch 20 Euro." Sagt der andere: „Warte bis zum Frühling, dann bin ich wieder flüssig."

Eine Mutter zur anderen: „Mein erstes Mal war mit 19." Die andere ist empört und antwortet: „Mein erstes Mal war mit nur Einem."

Sherlock Holmes und Dr. Watson gehen gemeinsam zelten. Mitten in der Nacht weckt Sherlock Holmes Dr. Watson auf. Holmes: „Was sehen Sie, Watson?" Watson: „Ich sehe Sterne am Himmel." Holmes: „Und was folgern Sie daraus?" Watson: „Dass es im Universum viele Planeten und sicherlich intelligentes Leben gibt. Die Sterne sagen mir auch, wo Norden ist und dass das schöne Wetter noch ein paar Tage anhält." Holmes: „Quatsch, Watson. Man hat uns gerade das Zelt geklaut!"

Was ist die gefährlichste Zeit des Jahres? Der Sommer! Die Sonne brennt, die Bäume schlagen aus, die Salatköpfe schießen und der Rasen wird gesprengt.

Ein Blinder kommt aus Versehen in eine Lesben-Bar. Er findet einen Weg zu einem Barhocker und bestellt einen Drink. Nachdem er eine Weile sitzt fragt er die Barkeeperin: „Hey, willst du einen Blondinenwitz hören?" In der Bar wird es absolut totenstill und mit tiefer Stimme sagt seine Nachbarin: „Bevor Sie den Witz erzählen ist es nur fair - weil Sie blind sind - dass Sie fünf Dinge wissen sollten: Erstens: die Barfrau ist eine Blondine. Zweitens:

der Rausschmeißer ist eine Blondine. Drittens: ich bin eine 1,80 Meter große, 120 kg schwere, blonde Frau mit schwarzem Gürtel in Karate Viertens: die Frau neben mir ist blond und professionelle Gewichtheberin Und fünftens: Die Frau zu Ihrer Rechten ist blond und professionelle Ringkämpferin. Nun, denken Sie ernsthaft nach, mein Herr! Wollen Sie immer noch diesen Blondinenwitz erzählen?" Der blinde Mann denkt eine Sekunde nach, schüttelt den Kopf und sagt: „Nein, nicht wenn ich ihn fünf Mal erklären muss."

Foto: Pixabay

Bereits ein kleines Buch pro Tag enthält den Tagesbedarf an A, C, D, F und K, sowie vielen weiteren lebenswichtigen Buchstaben.

Endet der Brief des schwäbischen Vaters: „Wollte Dir noch etwas Geld mitschicken, der Brief war aber schon zugeklebt."

Eine Wunsch-Fee erlaubt einem Franzosen, einem Amerikaner und einem Deutschen einen Wunsch: „Wenn Sie vom 10-Meter-Turm ins Wasser springen und sich was wünschen, so mache ich dies wahr." Der Franzose springt und schreit „Rotwein". Das Becken ist voller französischem Rotwein. Der Amerikaner springt rein, sagt „100-Dollar-Scheine". Das Becken ist voller 100-Dollar-Scheine. Der Deutsche springt, rutscht aus und schreit: „Oh Scheiße!"

Kommt ein Mann zur Hellseherin und setzt sich vor ihre Kristallkugel. „Ich sehe in meiner magischen Kugel, dass Sie Vater von zwei Kindern sind", erklärt die Wahrsagerin. „Das glauben SIE!", erwidert er. „Ich bin nämlich Vater von vier Kindern." Die Wahrsagerin lächelt und antwortet: „Das glauben SIE!"

WIR LIEBEN ES LUSTIG

Die Indianer in einem Reservat in Amerika gehen zu ihrem Häuptling. Sie fragen ihn, wie kalt der nächste Winter wird. Weil der Häuptling die geheimen Künste seiner Vorfahren nie gelernt hat, befiehlt er seinen Indianern, Feuerholz zu sammeln. Modern wie er ist ruft er aber auch mit seinem Handy den Wetterdienst an und fragt: „Wie kalt wird der Winter?" „Sehr kalt", lautet die Antwort. Der Häuptling kehrt zurück zu seinen Stammesbrüdern und trägt ihnen auf, noch mehr Feuerholz zu sammeln. Zwei Tage später ruft er wieder an: „Sind Sie sicher, dass der Winter wirklich sehr kalt wird?" „Vollkommen sicher." Der Häuptling befiehlt seinen Indianern, noch mehr Feuerholz zu sammeln, so viel wie geht. Zwei Tage später ruft er noch einmal an. „Sind Sie immer noch sicher?" „Ja, es wird der kälteste Winter seit Menschengedenken." „Woher wissen Sie das eigentlich so genau?", fragt der Häuptling. „Weil die Indianer wie verrückt Feuerholz sammeln!"

Wann merkt man an der Nordseeküste, dass man Ostfriesland erreicht hat? Wenn die Fische intelligenter gucken als die Menschen.

Die besten Paar-Witze

Im verflixten siebten Ehejahr wird er nachdenklich und fragt seine Frau: „Liebling, würdest du mit einem anderen schlafen, wenn ich gestorben bin?" Sagt sie nur: „Schatz, dafür musst du nicht extra sterben!"

Sagt Gott zu Adam: „Adam, ich habe hier eine Frau für dich. Sie sieht toll aus, kann fantastisch kochen, ist sensationell gut im Bett und hat nie Migräne". Adam ist total begeistert, fragt aber: „Was muss ich dafür tun?" Gott befiehlt: „Gib mir dein rechtes Bein!" Adam erwidert: "Das ist mir zu teuer!" „Nun gut", antwortet Gott. „Ich habe noch eine andere Frau. Sie sieht nicht ganz so toll aus, kocht nicht ganz so gut und … na ja." Fragt Adam: „Was willst du dafür haben?" Gott befiehlt: „Deinen rechten Arm!" Adam überlegt, eine Frau wäre schon echt gut, aber das ist wieder zu teuer. Schließlich fragt Adam: „Was bekomme ich denn für eine Rippe?"

Patrick hat ein großes Problem. Er hat seinen Hochzeitstag verschwitzt. Seine Frau Kerstin ist megasauer: „Morgen früh will ich als Ausgleich ein Geschenk vor der Tür stehen sehen, das von 0 auf 100 in fünf Sekunden ist. Sonst schmeiße ich dich raus!" Am nächsten Morgen liegt tatsächlich ein Geschenk vor der Tür. Kerstin ist gespannt und macht es neugierig auf. Es ist eine neue Badezimmerwaage…

Er freut sich wahnsinnig: Noch zwei Tickets für das Top-Spiel FC Bayern gegen Red Bull Leipzig ergattert! In der Allianz-Arena, ein Traum! Doch beim Blick in den Kalender stellt er entsetzt fest, dass am selben Termin seine Hochzeit am Tegernsee stattfinden soll. Da kann man nichts machen… Also schreibt er in seine Fußball-WhatsApp-Gruppe: „Hallo Jungs, habe genau an meinem Hochzeitstag zwei Tickets für FCB gegen RB Leipzig. Wollte daher fragen, ob einer Interesse hat. Ihr kennt sie ja, 1,70 groß, blonde Haare, saugute Figur…"

Ein noch junges Ehepaar, welches sehr oft streitet, isst in einem feinen Restaurant. Plötzlich fällt dem Kellner das Tablett mit den gesamten Gläsern runter und die Scherben klirren. Sagt der Ehemann zu seiner Frau: „Schatz, hör doch mal. Jetzt spielen sie sogar unser Lied!"

In einer guten Beziehung hat keiner die Hosen an. Die stören ja nur...

Ein Mann sitzt in der Kneipe, trinkt ein Bier nach dem anderen und weint ganz fürchterlich. Der Kellner fragt ihn: „Haben Sie Sorgen?" „Ja, meine Frau hat mir gesagt, sie würde einen Monat kein Wort mehr mit mir reden." „Das ist ja schrecklich." „Ja, heute ist der Monat um!"

Nach fünf Jahren Ehe: „Hallo, das ist meine Frau. Darf ich Sie Ihnen vorstellen?" Nach zehn Jahren Ehe: „Hallo, das ist meine Frau. Können Sie sich das vorstellen?" Nach zwanzig Jahren Ehe: „Hallo, das ist meine Frau. Können Sie sich davor stellen?"

Nadja will etwas über ihren zukünftigen Ehemann erfahren. Sie fragt ihn: „Sag, Matthias, was hättest du lieber, eine schöne oder eine kluge Frau?" Sagt Matthias: „Weder noch, denn ich liebe doch nur dich!"

Die Ehefrau sitzt gemütlich auf dem Sofa, kuschelt sich an ihren Mann und löst Kreuzworträtsel. Plötzlich grübelt sie und fragt: „Süßer, Lebensende mit drei Buchstaben?" Sagt er nur: „Ehe!"

In einer lauschigen Nacht sitzt ein junges Pärchen bei Mondschein in einem Strandkorb am Meer. Sie halten Händchen. Er seufzt. Sie schaut ihm tief in seine Augen und fragt: „Was seufzt du?" Er: „Am liebsten Bier."

Der letzte Witz

Eine Frau sitzt traurig in der Kneipe. Vor sich ein Bier. Da kommt ein richtiger Kerl, haut der Kleinen auf die Schulter und trinkt ihr Bier aus. Die Kleine fängt an zu heulen. Der Kerl: „Nun hab dich nicht so, du Heulsuse! Flennen wegen einem Bier!" Die Kleine: „Na dann pass mal auf: Heute früh hat mich mein Mann verlassen, Konto abgeräumt, Haus leer! Danach habe ich meinen Job verloren! Ich wollte nicht mehr leben, legte mich aufs Gleis - Umleitung! Wollte mich aufhängen - Strick gerissen! Wollte mich erschießen - Revolver klemmt! Und nun kaufe ich vom letzten Geld mir ein Bier, kippe Gift rein und du säufst es mir weg!"

Foto: Pixabay

Immer neue Witze gibt es unter:

www.wir-lieben-es-lustig.de

Werden Sie Fan und folgen Sie uns auch bei
Facebook und Twitter unter:

https://www.facebook.com/wirliebeneslustig/

https://twitter.com/WirLustig